Ausstrahlung
verbessern

Steigere deine Attraktivität und
gehe selbstbewusster auf Menschen zu

Inhaltsverzeichnis

Kapitel 1
Definition von Ausstrahlung

Vielleicht kennst du auch Menschen, die einen Raum vollkommen ausfüllen, wenn sie ihn betreten. Automatisch verstummen die Gespräche und manche drehen sich nach dem Eintretenden um. Diese Menschen haben eine besondere Ausstrahlung. Diese Eigenschaft besteht aus vielen verschiedenen Elementen und lässt sich nicht leicht fassen.

Vor allem im Managementbereich nennen manche diese Eigenschaft auch Charisma. In diesem E-Book wollen wir uns dem Thema aus verschiedenen Bereichen nähern. Wichtig ist, dass eine bestimmte Ausstrahlung nicht angeboren ist. Du kannst an deiner persönlichen Ausstrahlung arbeiten und diese nach deinen Bedürfnissen modifizieren. Dabei ist zunächst deine innere Einstellung zu dir und zu anderen Menschen wichtig. Nicht vergessen darfst du darüber hinaus die Wirkung, welche du durch die Stimme, deiner Körperhaltung und deiner Kleidung erreichst.

Menschen mit einer positiven Ausstrahlung vereinen meist bestimmte Persönlichkeitsmerkmale. Sie haben ein starkes Selbstbewusstsein. Sie stehen zu dem, was Sie tun und sie tun es gerne. Sie entwickeln für ihre Hobbys, für ihre Arbeit, für ihren Partner und für viele Dinge eine starke Leidenschaft. Solche Menschen lassen sich für eine Sache schnell und nachhaltig begeistern.

Sie geben nicht sofort bei dem ersten Widerstand auf, sondern versuchen ein Projekt zu einem erfolgreichen Abschluss zu bringen. Wichtig ist auch eine gewisse Selbstliebe. Das hat nichts mit Egoismus zu tun. Sie fühlen sich in ihrer Haut wohl und wollen kein anderer Mensch sein.

Menschen mit einer positiven Ausstrahlung lassen sich nicht so leicht aus der Ruhe bringen. Sie sind gern gesehen Arbeitskollegen und Liebhaber, da sie ein gutes Gefühl von Zuversicht vermitteln. Sie haben eine angenehme Stimme, die selten anfängt zu zittern und unruhig wird. Ihre ganze Körperhaltung vermittelt die Botschaft, dass hier ein Mensch ist, der weiß was er tut und dem sich jeder anvertrauen kann.

Kapitel 2
Diese Vorteile bringt dir eine positive Ausstrahlung

Mit einer positiven Ausstrahlung hast du es im Leben häufig leichter. Menschen halten sich gerne in der Nähe eines positiven Menschen aus. Du hast also keine Probleme damit, Freunde zu finden. Das wirkt sich natürlich auch positiv auf dein Liebesleben aus. Wenn du einen potentiellen Partner ansprichst, dann ist dieser von deinem Wesen sofort sehr angetan und möchte dich näher kennen lernen.

Im Beruf hilft dir die Ausstrahlung bei deiner Karriere. Wenn du jetzt einwendest, dass die Erfolge wichtiger sind, dann hast du nicht ganz Recht. Die beruflichen Erfolge sind zwar eine wichtige Voraussetzung, aber wenn es mehrere Kollegen mit ähnlichen Erfolgen gibt, dann entscheidet die Ausstrahlung über die nächste Beförderung. Gerade wenn es um Führungsaufgaben geht, ist vielen Vorgesetzten eine positive Ausstrahlung oft entscheidend.

Da du mit einer positiven Ausstrahlung anziehend auf andere Menschen wirkst, folgen dir deine Mitarbeiter gerne. Sie sind auch bereit für dich Überstunden zu machen und leisten mehr, als sie müssten.

Kapitel 3
10 Tipps, mit denen du deine Ausstrahlung verbesserst
Tipp Nr. 1: Lebe im Hier und Jetzt

Die Gegenwart ist der Punkt, an dem die Vergangenheit mit der Zukunft zusammentrifft. Goethe hat einmal in einem Gedicht geschrieben "Der Augenblick ist Ewigkeit". In der Tat existiert im Hier und Jetzt keine Zeit. Ebenso wenig gibt es Ängste und Sorgen. Leben in der Gegenwart ist für deine Ausstrahlung entscheidend. Probiere es einfach mal einen Tag aus.

Du wirst feststellen, dass das die Wirkung auf deine Mitmenschen vollkommen verändert. Du hast plötzlich weniger Ängste, du fühlst dich in deiner Haut wohler und gehst anders mit den anderen Menschen um. Viele Dinge, von denen nachfolgend noch die Rede ist, fallen leichter, wenn du präsent bist. Dieser Punkt steht bewusst am Anfang, da du mit dieser Veränderung sehr viel erreichen kannst.

Das hört sich nun sehr einfach an, das ist es natürlich nicht. Dein Kopf neigt dazu, immer wieder abzugleiten. Du machst dir Gedanken über die Vergangenheit. Was wäre, wenn du dich damals anders entschieden hättest. Die Frau nicht geheiratet hättest oder einen anderen Beruf ergriffen hättest. Diese Gedanken sind interessant, bringen aber wenig. Die Vergangenheit lässt sich nicht mehr ändern.

Hier soll natürlich nicht die Meinung vertreten werden, dass du aus der Vergangenheit nichts lernen sollst. Das was du jetzt bist ist ein Produkt deiner Vergangenheit. Die Menschen aus einer früheren Zeit haben dich geformt. Jede noch so kurze Begegnung hat dich verändert und dich zu dem gemacht, was du jetzt bist. Das ist wichtig und das solltest du auch nicht vergessen. Doch wenn du in der Arbeit bist, dann gib den Gedanken an die Vergangenheit keinen großen Raum, da sie dich ablenken. Konzentriere dich auf das, was du jetzt tust.

Noch problematischer als die Gedanken an die Vergangenheit sind Überlegungen an die Zukunft. Dabei geht es nicht um konkrete Pläne. Diese sind meist positiv und wirken sich auf deine Ausstrahlung gut aus. Leider haben viele Menschen Angst vor der Zukunft und malen sich das Kommende in den schrecklichsten Farben aus. Das Leben und das Glück sind von den unterschiedlichsten Seiten bedroht. Todesfälle und Krankheiten können dir dein Glück zerstören.

Dein Partner oder deine Partnerin könnte dich verlassen. Du könntest deinen Arbeitsplatz verlieren oder du wirst von deinen Kollegen gemobbt. Dies kann alles passieren, doch wenn du immer zu an diese Möglichkeiten denkst, dann steigt die Wahrscheinlichkeit an.

Der berühmte Motivationstrainer Dale Carnegie hat einmal geschrieben, dass du jeden Tag wie ein neues Leben anfangen sollst. Also einfach vergessen, was gestern war und dein Tagesgeschäft möglichst erfolgreich erledigen. Für ihn war das eine Möglichkeit, seine Sorgen hinter sich zu lassen. Ein sorgenfreies Leben ist eine wichtige Voraussetzung für eine positive Ausstrahlung.

Diese Eigenschaft kannst du an jedem Tag deines Lebens trainieren. Achte einfach auf die Umgebung.

Nehme die Gerüche bewusst wahr. Es gibt viele Dinge zu entdecken, an denen du vielleicht immer achtlos vorübergegangen bist.

Gerade am Anfang ist es hilfreich, wenn du diese Eigenschaft in einer ruhigen Stunde trainierst. Setze dich bequem auf einen Stuhl und konzentriere dich auf deine Umgebung. Hilfreich ist es, wenn du dich auf deinen Atem fokussierst. Bald wirst du merken, dass das eine sehr schwierige Übung ist. In der Tat ist es fast unmöglich, an nichts zu denken. Mache jetzt bitte nicht den Fehler und versuche eine bestimmte Leistung zu erreichen.

Du sollst beobachten und nicht werten. Immer wieder werden sich störende Gedanken zwischen dein Vorhaben drängen. Mache einfach die Gedankenfetzen zum Gegenstand deines Beobachtens. Du wirst dabei viele Dinge über dich lernen, die dir vielleicht bis jetzt gar nicht bewusst waren.

Möglicherweise kommt dir jetzt der Gedanke, dass du ja Pläne machen musst für die Zukunft und dass das mit dem Leben im Hier und Jetzt nicht vereinbar ist. Das ist aber nicht richtig. Auch im

Hier und Jetzt musst du Pläne machen. Du machst dir nur nicht zu viele Sorgen. Probiere es am besten einfach aus.

Kapitel 4
10 Tipps, mit denen du deine Ausstrahlung verbesserst
Tipp Nr. 2: Aktiv zuhören können

Viele, die an ihrer Ausstrahlung arbeiten, denken, dass sie möglichst viel über sich erzählen sollten. Das ist ein Irrtum. Ein guter Zuhörer ist viel seltener. Diese Eigenschaft solltest du weiterentwickeln. Was heißt aber aktiv zuhören genau? Zunächst einmal nur den anderen Reden lassen ohne ihn ständig zu unterbrechen. Das ist für manche schon schwer genug. Viele Gespräche sind nur Stichwortgeber für eigene Gedanken.

Diese Gespräche gleichen einem Ping-Pong-Spiel. Der Gesprächspartner sagt dir einen Gedanken, dies löst in dir einen anderen Gedanken aus. Dadurch entsteht kein richtiges Gespräch. Beim aktiven Zuhören musst du deine Person ein wenig in den Hintergrund stellen. Wichtig ist die andere Person. Gehe auf das ein, was er erzählt. Akzeptiere die Meinung deines Gesprächspartners. Das heißt nicht, dass du sie unbedingt teilen musst. Wichtig ist, dass du dich beim aktiven Zuhören nicht auf eine Diskussion einlässt. Ob du wirklich aktiv zuhörst kann dein Gesprächspartner anhand einiger Merkmale feststellen. Mit ein paar einfachen Äußerungen signalisierst du dem Gesprächspartner, dass du aktiv zuhörst. Diese sind unter anderem:

1. Deinem Gesprächspartner immer wieder zu verstehen geben, dass du bei ihm bist. "Ja, ich verstehe", "damit hast du vollkommen Recht" oder ähnliche Ausdrücke
2. Wichtig ist auch, dass du regelmäßig nachfragst. Wenn du einen Sachverhalt nicht sofort verstehst, dann bittest du dem Gesprächspartner ihm zu erklären, wie er das gemeint hat.
3. Auch wenn es dir schwerfallen sollte. Halte deine eigene Meinung vorerst zurück.
4. Sollte der Gesprächspartner eine Pause machen um seine Gedanken zu sammeln, dann rede nicht dazwischen. Lass ihm die Zeit.

Wichtig ist außerdem die Körpersprache:

1. Achte auf einen freundlichen, offenen Blick.
2. Halte mit deinem Gesprächspartner Blickkontakt. Fixiere ihn aber nicht
3. Zur Bestätigung des Gesagten gehört auch, dass du mit dem Kopf nickst
4. Bei Diskussionen kann es manchmal sinnvoll sein, sich Notizen zu machen. Bei einem Vieraugengespräch ist das aber nicht notwendig.

Kapitel 5
10 Tipps, mit denen du deine Ausstrahlung verbesserst
Tipp Nr. 3: Arbeite an deiner Körperhaltung

Wenn du lernst, aktiv zuzuhören, dann hast du einen wichtigen Schritt zu mehr Ausstrahlung gemacht. Einfach nur ein aufmerksamer Zuhörer zu sein genügt nicht, du musst das auch durch deine Körperhaltung ausdrücken. Die Kommunikation läuft nicht nur über das gesprochene Wort. Mindestens genauso wichtig ist die sogenannte nonverbale Kommunikation. Dazu gehören in erster Linie die Körperhaltung und die Stimme. In diesem Tipp geht es darum, dass du mit der richtigen Körperhaltung zum Ausdruck bringst, dass du am anderen interessiert bist.

Schon vor der Kommunikation ist es wichtig wie du dich bewegst. Du kannst das ruhig vor dem Spiegel üben und darauf achten, welche Wirkung du durch eine bestimmte Körperhaltung erzielst. Es gibt ein paar Haltungen, die du unbedingt vermeiden solltest. Dabei gilt, dass du möglichst natürlich wirken sollst. Übertriebene Steifheit oder Lockerheit sind beides nicht optimal. Du musst versuchen, die richtige Dosis zu finden. Wenn du dich betont leger auf den Stuhl lümmelst, beim Gespräch die Hände in der Hosentasche hast, dann wirkt das so, als hättest du am Gesprächspartner kein besonderes Interesse.

Unangenehm auf dein Gegenüber wirkt auch, wenn du immer von einem Bein auf das andere trittst. Das vermittelt das Gefühl, als wolltest du am liebsten woanders sein. Der Gesprächspartner denkt, dass du kein Interesse an ihn hast. Da hilft aktives Zuhören wenig. Manche sitzen sich bis an die Stuhlkante. Auch das solltest du vermeiden, da es auch unruhig und gehetzt wirkt. Du kannst durch Rückfragen noch so starkes Interesse kundtun, wenn du deinen Oberkörper dabei weit zurücklehnst, dann sendest du eine andere Botschaft.

Nach diesen negativen Beispielen nun aber Tipps, wie du deine Ausstrahlung durch die Körperhaltung zum Ausdruck bringst:

1. Zunächst dein Gang. Er ist leicht und elastisch. Die Schritte sollen dabei nicht zu groß sein. Die Arme schwingen leicht mit.
2. Achte beim Gespräch darauf, dass du aufrecht und locker sitzt. Das Kinn leicht erhoben, die Schultern gerade.
3. Aufrecht sitzen, die Beine hüftbreit auseinander. Wenn du die Beine übereinanderschlagen willst, dann ist dagegen nichts einzuwenden. Du solltest darauf achten, dass das übereinandergeschlagene Bein dem Gesprächspartner zugewandt ist. Das drückt Zuwendung aus.
4. Beim Stehen solltest du die Beine etwa hüftbreit auf den Boden stellen. Wie oben erwähnt ist trippeln von einem Bein auf das nächste nicht optimal. Anders sieht es aus, wenn du Gelegentlich dein Standbein wechselst. Die Arme locker herunterhängen lassen.
5. Beim Gespräch solltest du dich gelegentlich vorbeugen. Dadurch bringst du Aufmerksamkeit, Interessen und Zuwendung zum Ausdruck.

Grundsätzlich solltest du durch die Körperhaltung eine positive Grundstimmung zum Ausdruck bringen. Dazu gehört auch ein gewinnendes Lächeln. Das ist sehr wichtig und es ist zweckmäßig, wenn du das häufig vor dem Spiegel übst. Am bestem ist es natürlich, wenn es echt ist. Am leichtesten fällt es dir, wenn du dich wohl fühlst, dann kommt das Lächeln von Herzen. Achte bitte darauf, dass es stimmig ist. Wenn dir dein Gesprächspartner gerade sein Herz ausschüttet und ein dramatisches Erlebnis erzählt, dann kann ein Lächeln auch falsch sein.

Kapitel 6
10 Tipps, mit denen du deine Ausstrahlung verbesserst
Tipp Nr. 4: Verleihe deiner Stimme Ausdruck

Sicherlich kennst du den Spruch "mit dir stimmt etwas nicht". Dieser Satz drückt aus, dass man die augenblickliche Stimmung sehr schön an der Stimme ablesen kann. Wenn diese zittert, unruhig oder belegt ist, dann kommt das beim Gesprächspartner negativ an.

Grundsätzlich solltest du beim Gespräch laut, deutlich und mit mittlerer Geschwindigkeit reden. Vielleicht kennst du Menschen, die sprechen wie ein Wasserfall. Auf die Dauer gehen sie dir dann auf die Nerven. Versuche das zu vermeiden und mache beim Reden auch mal eine Pause. Das andere Extrem ist ebenfalls nicht optimal. Wenn der Sprecher so langsam ist, dass du schon den Gedanken zu Ende formulierst, dann wirkt das unsicher und dient deinen Zwecken kaum.

Beim Gespräch achte darauf, dass deine Stimme deutlich und klar ist. Dialekt gibt dir zwar ein Stück Persönlichkeit, doch erschwert das oft die Kommunikation. Solltest du einen charakteristischen Dialekt sprechen, dann achte darauf, dass du beim Gespräch die Regeln der deutschen Sprache beachtest. Meistens bleibt trotzdem eine bestimmte Sprachfärbung erhalten, die dich als Bayer, Sachse oder Schwabe kennzeichnet. Das ist nicht schlimm, sondern unterstreicht deine persönliche Ausstrahlung.

Wenn du dazu neigst, zu nuscheln, dann versuche das abzustellen. Ebenso erschwert ein Zittern in der Stimme das Verständnis. Versuche das abzustellen. Ebenso ist die Höhe der Stimme ein wichtiger Faktor. Du kannst die Höhe der Stimme regulieren und ganz bewusst einsetzen. Bei Männern wirkt eine etwas tiefere Stimme angenehm.

Wenn du Pausen zwischen den Sätzen machen willst, dann achte darauf, dass das auch passt. Ansonsten verlangsamst du das Gespräch unnötig, was auf deinen Zuhörer einschläfernd wirken kann.

Sehr negativ kommt es beim Gesprächspartner auch an, wenn du zu schnell sprichst. Es kann passieren, dass sich deine Stimme überschlägt. Du verschluckst Silben oder vielleicht sogar ganze Worte. Du bist dann kaum mehr zu verstehen.

Vielleicht hast du jetzt das Gefühl, dass du ohnehin immer falsch liegst, denn zu langsam ist schlecht und zu schnell ist ebenso falsch. In der Tat ist es nicht leicht, bei der Stimme das richtige Maß zu finden. Da die Bedeutung der Stimme bei einem Gespräch so wichtig ist, gibt es Rhetorik Seminare.

Dort lernst du, deine Stimme den richtigen Klang zu geben. Der Seminarleiter weist dich auf Fehler hin. Oft sind auch Videoaufnahmen Bestandteil des Trainings. Du kannst dich selbst bei einem Gespräch sehen und erkennst, welche Wirkung du auf andere Menschen hast. Falls du das Gefühl hast, dass hier ein Nachholbedarf besteht, dann ist ein Rhetorikseminar sicherlich hilfreich.

Grundsätzlich solltest du lieber langsamer, als zu schnell sprechen. Vor allem in Situationen, bei denen du leicht nervös wirst, kann das ein wichtiger Faktor sein. Dann neigen die meisten Menschen dazu, zu schnell zu sprechen. Um das zu verhindern, ist es besser, langsamer als zu schnell zu sprechen. Zügle also in einer solchen Situation besser dein Sprechtempo.

Damit deine Persönlichkeit durch deine Stimme richtig zur Geltung kommt, ist das Atmen sehr wichtig. Vor allem wenn du nervös wirst, atmest du häufig sehr flach und schnell. Der Atem erreicht höchstens die Brust und wird dann schon wieder ausgeatmet. Du musst beim Reden in den Bauch atmen. Bei einem Rhetorikseminar wird das trainiert. Dadurch wirst du automatisch ruhiger und deine Stimme bekommt einen vollen und melodischen Klang.

Wenn du die ersten vier Punkte beherzigst, dann hast du schon einen wichtigen Schritt in Richtung Ausstrahlung gemacht. Du wirst sehen, dass nicht nur du dich veränderst, sondern auch die Menschen um dich herum. Sie reagieren anders auf dich. Sie merken, dass du dich veränderst und das verändert auch ihr Verhalten dir gegenüber. Mit den nächsten Tipps verfeinerst du immer mehr deine Ausstrahlung. Du wirst nach und nach zu einem Menschen, mit dem anderen gerne ihre Zeit verbringen. Nicht, weil du bist wie so viele andere auch, sondern weil du dich zu einer individuellen Persönlichkeit entwickelt hast.

Kapitel 7
10 Tipps, mit denen du deine Ausstrahlung verbesserst
Tipp Nr. 5: Stehe zu dem, was du gesagt und getan hast

Ein wichtiger Punkt ist Selbstbewusstsein. Dazu gehört, dass du zu dir selbst stehst. Viele Menschen neigen dazu, einfach mit dem Strom zu schwimmen. Dadurch entwickelst du aber keine Ausstrahlung. Du bist einer von vielen und leicht austauschbar. Als eigenständige Persönlichkeit entwickelst du individuelle Ideen und Gedanken. Lerne zu diesen Gedanken zu stehen und sie auch auszusprechen.

Das ist leichter gesagt als getan. Vielleicht gehörst du auch zu den Menschen, die automatisch zu allem ja sagen und sich dann hinterher ärgern. Das kannst du trainieren. Auf gar keinen Fall darfst du aggressiv wirken. Wenn du deinen eigenen Weg gehst, dann wird es immer Menschen geben, die das nicht gut finden. Wichtig ist, dass du bei dem

Gespräch bei dir bleibst. Achte darauf, ich-Botschaften zu senden. Also "Ich denke, dass das so oder so besser ist" oder "ich möchte das Buch gerne zurückgeben, weil es nicht meinen Vorstellungen entspricht". Probiere es auch. Du wirst merken, dass sich das sofort anders und wesentlich souveräner anfühlt.

Zu sich zu stehen ist nicht immer leicht. Meist ist es sogar mit starken Ängsten verbunden. Viele Menschen haben Angst davor und schwimmen lieber mit dem Strom. Täglich musst du Entscheidungen treffen. Viele schieben das vor sich her, denn wenn du einmal eine Entscheidung getroffen hast, dann ändert sich das Leben. Nicht alle deine Entscheidungen werden richtig sein. Du bist der Kapitän deines Lebensschiffs. Stehe zu dem, was du getan hast. Du musst dich nicht verteidigen, sondern einfach mit dir einverstanden sein.

Zu sich selbst zu stehen heißt auch, seine Fehler und Schwächen zu akzeptieren. Das heißt nicht, dass du nicht daran arbeiten sollst. Das kannst du aber erst, wenn du dazu stehst.

Kapitel 8
10 Tipps, mit denen du deine Ausstrahlung verbesserst
Tipp Nr. 6: Entwickle deinen eigenen Stil und hebe dich von anderen Menschen ab

Wenn du eine eigene Ausstrahlung entwickeln willst, dann musst du dich von andere Menschen unterscheiden. Wenn du mit der Menge schwimmst, dann wird sich keiner jemals an dich erinnern. Das beginnt bei der Kleidung. Natürlich solltest du modisch gekleidet auftreten. Vielleicht gibt es aber bestimmte Kleidungsstücke, die deinen ganz persönlichen Stil ausmachen. Wenn du deine Kleidung immer von der Stange in einem großen Modegeschäft kaufst, wirst du immer nur das tragen, was auch andere besitzen. Wähle deine Kleidung in Zukunft besser in Boutiquen. Diese kleinen Geschäfte haben oft ganz besondere und häufig auch ungewöhnliche Kleidungsstücke. Die Kleidung kostet zwar ein mehr Geld, unterstreicht aber deinen ganz persönlichen Stil.

Falls du keinen Berater hast, der dir dabei zur Seite steht, dann kannst du auch alleine anfangen, deinen eigenen Stil zu finden. Zunächst fängst du bei deinem aktuellen Status an. Schau dir genau deinen Kleiderschrank an und bewerte jedes Kleidungsstück. Was dir gefällt, behältst du. Der Rest kommt in die Altkleidersammlung oder bekommen Freunde. Alles, was du in den letzten sechs Monaten nicht getragen hast, kannst du in der Regel problemlos entsorgen. Für Kleidungsstücke, die du nur im Winter oder im Sommer trägst, gilt natürlich ein längerer Zeitraum.

Im nächsten Schritt überlegst du dir genau, was du an den Kleidungsstücken gerne magst. Ist es die Farbe, der Stil oder einfach, weil sie bequem sind. Nun suchst du ganz bewusst nach ähnlichen Kleidungsstücken. Hilfreich ist es, wenn du eine Liste anfertigst, was es für Dinge sind, auf die du großen Wert legst.

Solltest du dich bislang mit dem Thema "persönlicher Stil" wenig auseinandergesetzt haben, ist es gut, wenn du dir Inspirationen suchst. Gehe bewusst in deiner Stadt auf einen belebten Platz und schau dir andere Menschen an. Merke dir bestimmte Modestile, die dir gefallen.

Der jeweilige Modestil ist auch vom Land abhängig. Ein Italiener kleidet sich anders als ein Schwede. Identifizierst du dich mit einer bestimmten Lebensweise, kannst du die Mode oder Teile davon übernehmen. Du vermittelst mit deiner Kleidung deinem Gesprächspartner ein gewisses mediterranes Flair. Du musst allerdings bei der Auswahl deines persönlichen Stils beachten, dass er zu deinem Beruf passt. Wenn dir Lederjacken gut gefallen, dann ist das in einem bestimmten beruflichen Kontext nicht unbedingt förderlich.

Achte auch auf deine Schuhe. Diese werden häufig vergessen, sind aber für den Gesamteindruck sehr wichtig. Wähle diese passend zu deinem Stil, achte aber auch darauf, dass sie bequem sind.

Nachdem du eine gewisse Vorstellung hast, was dir gefällt, gehe zum Einkaufen. Du musst nicht deine gesamte Garderobe an einen Tag auswechseln. Gehe besser mehrmals in ein Geschäft und ändere deine Garderobe Stück für Stück. Hilfreich ist ein Freund mit einem guten Geschmack. Nimm ihn mit in die Geschäfte und lasse dich von ihm beraten.

Problematisch wird es manchmal bei einer besonderen Größe. Häufig trifft das auf sehr große oder sehr kleine Menschen zu. In diesem Fall ist es sehr schwer, etwas Passendes zu finden. Sollte das bei dir der Fall sein, dann ist es besser, einen Schneider oder eine Schneiderin zu suchen. Dieser schneidert dir deine Kleidung nach deinen Wünschen. So fühlst du dich richtig wohl in deiner Garderobe und machst außerdem einen guten Eindruck.

Es müssen übrigens nicht immer neue Sachen sein. Manchmal verändern auch kleine Accessoires das Aussehen der Kleidung. Eine einfache Krawattennadel hat manchmal schon eine große Wirkung auf die Umgebung. Auch ein besonderer Gürtel peppt eine ansonsten langweilige Hose auf. Halte beim Einkaufen die Augen offen, dann findest du bestimmte interessante Dinge.

Kapitel 9
10 Tipps, mit denen du deine Ausstrahlung verbesserst
Tipp Nr. 7: Wie werde ich interessanter?
Durch Hobbys, Talente und Interessen

Wenn du über eine besondere Ausstrahlung verfügen möchtest, dann musst du dich von anderen unterscheiden. Die Kleidung ist ein wichtiger Punkt. Das ist zwar ein Punkt, der für den ersten Eindruck wichtig ist, doch wenn das Interesse nicht nachlassen soll, dann musst du auch als Persönlichkeit interessant sein. Manche Menschen haben einen interessanten Beruf, der ihnen genügend Gesprächsstoff bietet. Nicht jeder Mensch arbeitet allerdings als Geheimagent, Pilot oder Schriftsteller. Doch auch viele andere Berufe haben bemerkenswerte Aspekte, die dich interessant machen. Darüber solltest du zunächst nachdenken und dir die Punkte aufschreiben. Bei einem

Gespräch kannst du sie dann besonders betonen und dich dadurch unvergesslich und interessant machen.

Interessant wirst du auch durch bestimmte Hobbys, Talente oder Interessen. Auch hier kannst du zunächst das Besondere im Allgemeinen suchen. Wenn jemand nach seinem Hobby gefragt wird, dann ist das Spektrum der Antworten meist ziemlich klein. Lesen, Musik hören oder einfach nur Faulenzen wird am häufigsten genannt.

Wobei du die letzte Antwort am besten sofort wieder vergisst, auch wenn sie zutrifft. Wenn du zu deinem Gesprächspartner sagst, dass du am liebsten lange ausschläfst und deine Freizeit gerne schlafend verbringst, dann brauchst du dich nicht wundern, wenn manche dich für einen langweiligen Typen halten. Das Geheimnis liegt im Detail.

Wenn du tatsächlich als Hobby gerne liest, dann solltest du das genauer Ausführen. Statt lesen kannst du auch sagen, dass du englische Literatur des Viktorianischen Zeitalters bevorzugst. Auch Musik hören ist längst nicht so alltäglich, wenn du beim Gespräch angibst, dass du am liebsten Mark Knopfler oder die Dire Straits hörst. Dadurch bekommst du ein Profil und wirst interessanter.

Noch besser ist es natürlich, wenn du tatsächlich ein ungewöhnliches Hobby hast. Das muss allerdings auch der Wahrheit entsprechen. Eine Lüge kommt früher oder später ans Tageslicht. Wenn du dich zum Beispiel für Drachenfliegen interessierst, dann macht dich das interessanter. Solltest du dich jetzt als langweilig empfinden, kannst du sofort etwas dagegen unternehmen. Überlege dir, was dir Spaß machen könnte.

Es gibt unzählige Dinge. Du setzt dich am besten an einen Tisch mit einem Stückchen Papier oder öffnest dein Textverarbeitungsprogramm. Erstelle jetzt eine Liste von Hobbys oder Wissensgebieten, die du dir als neues Hobby vorstellen könntest. Wichtig ist, dass es sich auch realisieren lässt. Wenn du nicht das Geld für ein Segelflugzeug hast, dann kommt das als Hobby im Augenblick nicht in Betracht. Du kannst dich aber dazu entscheiden, alles über Segelflugzeuge zu lernen. Bei deinem nächsten Gespräch kannst du das einließen lassen und dich mit deinem Gesprächspartner kompetent darüber unterhalten.

Kapitel 10
10 Tipps, mit denen du deine Ausstrahlung verbesserst
Tipp Nr. 8: Behandle dich selbst mit Liebe und Respekt

Dieser Punkt ist ein wenig heikel, denn vor allem die Selbstliebe wird häufig mit Egoismus gleichgesetzt. Nichts könnte aber falscher sein. Selbstliebe ist die eine wichtige Voraussetzung, um überhaupt eine Persönlichkeit zu entwickeln. Nur wer sich selbst liebt und sich in seiner Haut wohl fühlt, wird Höchstleistungen erbringen. Viele Menschen scheinen den ganzen Tag auf der Flucht zu sein.

Sie sind unfreundlich zu anderen und zu sich selbst. Der freundliche Umgang mit sich selbst hat mehrere Dimensionen. Es geht dabei um die mentale Entspannung und um das Management seiner eigenen Gedanken. Darüber hinaus musst du dich auch um deinen Körper kümmern. Achte darauf, die richtige Menge der Nahrung zu dir zu nehmen und bevorzugt gesunde Lebensmittel einzukaufen. Natürlich spielt Sport auch eine große Rolle.

Wenn dich der Alltag stresst, dann gönne dir am Abend eine mentale Auszeit. Vielleicht machst du Autogenes Training oder Muskelentspannung nach Jacobson. Du wirst sehen, wie schnell du so die Dinge unter einem ganz neuen Licht siehst. Noch besser ist es, sich erst gar nicht aufzuregen. Der bedeutende Psychologe Viktor Frankl hat einmal gesagt:

"Zwischen Reiz und Reaktion liegt unsere Freiheit".

Für deine Situation bedeutet das, dass du nicht jedes Mal aufregen und ärgern musst. Lerne deine Gedanken zu kontrollieren. Meist lohnt es sich nicht, dass du dich ärgerst. In vielen Fällen ist es sogar kontraproduktiv. Falls es sich um ein ernstes Problem handelt, dann ist es besser, du handelst als dass du dich unnütz ärgerst.

Nicht nur der alltägliche Ärger kann an deinem Gemüt nagen, sondern oft sind es die kleinen Gedanken, die dich täglich quälen. Für manche

Menschen sind negative Gedanken zu einer zweiten Haut geworden. Sie merken gar nicht mehr, wie sie diese Gedanken nach unten ziehen. Wenn du jetzt merkst, dass auch du zu diesen Menschen gehörst, dann fange sofort an, diese abzustellen. Manche Therapeuten und Lebensberater empfehlen einen Gedankenstopp.

Bemerkst du negative Gedanken im Kopf bemerkst, dann sage einfach "stopp". Das muss nicht unbedingt laut sein. Du sendest damit ein klares Signal an dich, diese negativen Gedanken sofort einzustellen. Versuche diese schädlichen Gedanken durch positive zu ersetzen. Du sollst dabei deine Probleme natürlich nicht Schönreden, doch es hilft dir nichts, wenn du den ganzen Tag darüber nachdenkst.

Wenn du dich mit Liebe und Respekt behandelst, dann betrifft das auch deinen Körper. Viele Menschen behandeln ihn sehr nachlässig. Solltest du dich hier wiederfinden, dann bedenke, dass er hauptsächlich für dein Wohlbefinden verantwortlich ist. Es beginnt mit deinem Gewicht. Sehr viele Menschen ernähren sich ungesund. Über die negativen gesundheitlichen Auswirkungen von

Übergewicht gibt es unzählige Bücher. Selbst wenn du bislang in dieser Hinsicht noch keine Probleme hast, wirkt sich eine Gewichtsabnahme positiv auf dein Körpergefühl aus. Deine Bewegungen fallen dir leichter, du wirst nicht mehr so schnell kurzatmig und fühlst dich insgesamt wohler in deiner Haut.

Wichtig ist auch regelmäßige Bewegung. Oft scheint es, als hättest du dazu keine Zeit. Selbst wenn du kein umfangreiches Fitness-Programm durchführen kannst, kannst du mit ein paar Tricks mehr Bewegung in deinen Alltag integrieren. Wenn du normalerweise den Aufzug nimmst, dann gehe in Zukunft zu Fuß. Am Morgen vor dem Spiegel kannst du auf der Stelle trippeln. Das sind nur ein paar Anregungen, mit denen du mehr Bewegung in deinen Alltag bringen kannst.

Zum Schluss noch einen ganz besonderen Tipp: Lese aufbauende Bücher. Diese vermitteln dir immer wieder neue Gedanken. Dadurch wird dein Leben reicher und interessanter. Ein gutes Buch (und auch ein guter Film oder eine Fernsehserie) verändert den Blick auf die Welt. Hinterher bist du ein anderer Mensch. Nicht zuletzt bekommst du dadurch interessanten Gesprächsstoff und entwickelst deine Ausstrahlung weiter.

Kapitel 11
10 Tipps, mit denen du deine Ausstrahlung verbesserst
Tipp Nr. 9: Nehme Herausforderungen an

Wenn du eine Ausstrahlung entwickeln und zu einem Menschen werden willst; zu dem andere Menschen aufsehen, dann musst du Herausforderungen annehmen. Natürlich kann es passieren, dass ein Projekt unter deiner Leitung auch schiefgeht. Das ist aber nicht wirklich eine Niederlage. Fast immer lernst du aus Fehlern mehr als aus deinen Erfolgen.

Meist werden dir die Herausforderungen nicht herangetragen, du musst sie selbst finden. Wenn dein Chef dir eine Aufgabe erteilt, dann geht er davon aus, dass du diese erledigst. Das ist für die Entwicklung deiner Ausstrahlung kaum hilfreich. Eine wichtige Herausforderung ist, in deinem Beruf ständig besser zu werden. Sollten dir im Augenblick keine Herausforderungen einfallen, dann nimm dir einen Stift zur Hand und überlege dir, was dein Beruf exakt von dir fordert. Markiere die Punkte, bei denen du schon gut bist und dich dein Chef und deine Kollegen sogar als einen Fachmann ansehen. Daneben gibt es sicherlich einige Punkte, die du vielleicht verbessern könntest. Notiere dir zunächst diese Punkte. Als nächstes erstellst du einen Plan, wie du dich verbessern könntest. Sei dabei möglichst konkret. Falls du weitere Informationen benötigst, besorgst du dir diese zunächst.

Ansprechpartner könnten Kollegen sein, die dein Ziel schon erreicht haben. Danach gehst du in kleinen Schritten vorwärts. Setze dir konkrete Ziele deren Einhaltung du auch kontrollieren kannst. Zu einem Ziel gehört eine genaue Beschreibung, was du erreichen willst, nur so kannst du dir selbst Rechenschaft abgeben, ob du dieses Ziel erreichst hast. Hast du das Ziel erreicht, suche dir ein neues Vorhaben. Wenn du aufhörst, immer besser werden zu wollen, dann setzt schon der Rückschritt ein.

Natürlich kannst du dir auch Herausforderungen im zwischenmenschlichen Bereich suchen. In vielen Ehen ist die Liebe verschwunden und es ist nur noch eine Zweckgemeinschaft. Falls du auch zu den

Menschen gehörst, die das als natürlich ansehen, dann lohnt es sich, diesen Standpunkt zu überdenken. Die Liebe ist kein Gefühl, sondern eine Fähigkeit. Dieser eine Gedanke verändert den Blickwinkel auf die Liebe vollkommen und bringt dich ins Handeln. Dieser Gedanke stammt vom Sozialphilosophen Erich Fromm. Eines seiner bekanntesten Bücher heißt "Die Kunst des Liebens".

Wenn Liebe eine Kunst ist, dann muss der Mensch ständig daran arbeiten, seine Liebesfähigkeit zu verbessern. Es liegt an dir, wenn du deinem Partner keine freundlichen Worte spendest. Du entscheidest dich, ihr ein kleines Geschenk zu machen oder auch nicht. Nimm dir Zeit und denke ein paar Minuten darüber nach. Viele beruflich erfolgreiche Menschen führen ein mittelmäßiges Privatleben. Das muss nicht so sein. Vielleicht ist es eine Herausforderung für dich, den Partner neu zu entdecken und dich wieder in ihn oder in sie zu verlieben.

Kapitel 12
10 Tipps, mit denen du deine Ausstrahlung verbesserst
Tipp Nr. 10: Mit Niederlagen souverän umgehen

Zum Abschluss nun ein Thema, das viele sicherlich gerne umgehen würden: Die Niederlage. Wenn du Herausforderungen annimmst, dich mit Einsatz deiner täglichen Aufgaben widmest, dann bleiben Niederlagen nicht aus. Die Art und Weise, wie du damit umgehst, entscheidet über deinen weiteren Erfolg im Leben. Der bekannte amerikanische Psychologe Martin Seligman hat sein ganzes Leben über Optimismus und Pessimismus gearbeitet.

Für ihn ist der Optimist kein Mensch, der die Zukunft in rosa Farben sieht und der davon überzeugt ist, dass alles gut gehen wird. Vielmehr unterscheiden sich laut Seligman der Optimist und der Pessimist darin, wie er positive und negative Erlebnisse bewertet. Für einen Optimisten ist ein positives Endergebnis der normale Fall. Er schreibt dieses seiner Leistung und seinem Charakter zu. Ein schlechtes Ergebnis sieht er als vorübergehend und nicht in seiner Person begründet. Er akzeptiert es und macht sich wieder an die Arbeit. Eventuell analysiert er noch die Ursachen seines Scheiterns. Ein Pessimist sieht es genau umgekehrt. Für ihn ist das Scheitern ein normaler Fall. Er erkennt darin ein charakterliches Defizit und grämt sich oft stunden-, wenn nicht tagelang. Ein positives Ergebnis sieht er als Zufall an. Es versteht sich von selbst, dass du dir die Denkweise eines Optimisten zu eigenen machen musst.

Wie wichtig das ist soll dir ein einfaches Beispiel erläutern: Angenommen du versuchst neue Kunden durch Telefonakquise zu gewinnen. Du hast eine Liste von Interessenten und beginnst den Ersten anzurufen. Erfolg und Misserfolg liegen hier sehr nahe beisammen. Der erste Anrufer ist genervt und legt nach einer barschen Antwort auf. Solltest du eine pessimistische Einstellung haben, dann bist du am Boden zerstört.

Vielleicht gehst du erst einmal in eine Cafeteria und trinkst einen Cappuccino. Eine halbe Stunde später sitzt du dich widerwillig auf deinen Platz und versuchst es erneut. Da du nicht besonders positiv wirkst, kommt es mit großer Wahrscheinlichkeit zu einem erneuten Rückschlag. Anders sieht es aus, wenn du einen Rückschlag nicht zu persönlich nimmst. Natürlich solltest du kurz eine Fehleranalyse machen und dir überlegen, was du das nächste Mal besser machst. Aber danach greifst du sofort wieder zum Telefon und rufst den nächsten Interessenten an. Während der andere Kollege noch in der Cafeteria sitzt und sich ärgert, hast du vielleicht schon zwei oder drei Termin ausgemacht.

Wenn du dich selbst mehr als Pessimist siehst und immer sehr bedrückt auf Niederlagen reagierst, dann unternimm sofort etwas dagegen. Auch hier ist der Schritt nur klein. Du musst nur aufhören eine Niederlage zu nahe an dich heranzulassen. Du bist im Kern erfolgreich und wenn du einmal eine Niederlage erleidest, dann ist das nur ein kurzer Rückschlag. Lasse dein Leben kurz Revue passieren, so stellst du fest, dass die Erfolge überwiegen. Es lohnt sich also nicht, darauf sehr viel Zeit zu verschwenden. Diese Eigenschaft kannst du auch täglich trainieren. Immer, wenn du in Zukunft einen Misserfolg erleidest, nimmst du dir vor dich davon nicht unterkriegen zu lassen. Vielleicht musst du dich anfangs zwingen, nicht in Selbstmitleid zu verfallen. Tue es einfach und arbeite weiter. Du wirst sehen, dass deine negativen Gedanken wie von selbst verschwinden, wenn du dich ganz auf deine Aufgabe konzentrierst.

Kapitel 13
Fazit und Ausblick

Der Weg zur mehr Ausstrahlung ist nicht sehr schwer. Wichtig ist nur, zunächst die Entscheidung zu treffen, dass du deine Ausstrahlung verbessern willst. Danach musst du nur die genannten Tipps beherzigen. Zunächst beginnst du damit, immer im der Gegenwart zu leben. Danach veränderst du dein äußeres Erscheinungsbild. Du wirst zu einem kompetenten Gesprächspartner und drückst deine Persönlichkeit durch Stimme und Körperhaltung aus.

Du wirst merken, dass nicht nur du dich veränderst, sondern auch deine Mitmenschen anders auf dich reagieren. Je weiter du in deiner Entwicklung fortschreitest, desto erfolgreicher wirst du. Dabei bezieht sich dein Erfolg nicht nur auf deinen Beruf, sondern auch auf dein Privatleben. Wichtig ist, dass diese Reise niemals zu Ende ist. Selbst wenn du glaubst, dass du einen Punkt beherrscht, musst du immer wieder daran arbeiten. Jeder Stillstand ist in Wahrheit ein Rückschritt. Jedes der genannten

Themen ist sehr komplex und es gibt darüber viele Bücher. In den Tipps sind die wichtigsten Sachverhalte zusammengetragen. Je weiter du fortschreitest, umso mehr wirst du feststellen, dass es noch weitere interessante Aspekte gibt. Du begibst dich heute auf eine spannende Reise. Du lernst dabei dein Ich kennen und du wirst feststellen, dass du eine einmalige Persönlichkeit bist, die über eine große Ausstrahlung verfügt.

Meine Empfehlung für mehr Ausstrahlung

Das Online-Coaching
DIE MAGIE DER AUSSTRAHLUNG

Klicke auf den nachfolgenden Link und erhalte hierzu kostenlose Informationen.

https://goo.gl/qNHRfc

Haftungsausschluss

Der Inhalt dieses Buchs wurde mit großer Sorgfalt geprüft und erstellt. Der Autor übernimmt keinerlei Gewähr für die Aktualität, Korrektheit, Vollständigkeit oder Qualität der bereitgestellten Informationen und weiteren Informationen.

Es wird keine juristische Verantwortung oder Haftung für Schäden übernommen, die durch kontraproduktive Ausübung oder durch Fehler des Lesers entstehen. Es kann auch keine Garantie für Erfolg übernommen werden. Der Inhalt sollte nicht mit medizinischer Hilfe verwechselt werden. Der Autor übernimmt daher keine Verantwortung für das Nicht-Erreichen der im Buch beschriebenen Ziele.

Dieses Buch enthält Links zu anderen Webseiten. Auf den Inhalt dieser Webseiten haben wir keinen Einfluss. Deshalb kann auf den dortigen Inhalt auch keinerlei Gewähr übernommen werden. Die verlinkten Seiten wurden zum Zeitpunkt der Verlinkung auf mögliche Rechtsverstöße überprüft.

Rechtswidrige Inhalte konnten zum Zeitpunkt der Verlinkung nicht festgestellt werden. Für die Inhalte der verlinkten Seiten ist ausschließlich der jeweilige Anbieter oder Betreiber der Seiten verantwortlich.

Das **Copyright** für veröffentlichte, vom Autor selbst erstellte Bilder, Grafiken, Tondokumente, Videosequenzen und Texte bleibt **allein beim Autor** des Buchs.

Eine Vervielfältigung oder Verwendung der Bilder, Grafiken, Tondokumente, Videosequenzen und Texte in anderen elektronischen oder gedruckten Publikationen ist ohne ausdrückliche Zustimmung des Autors nicht gestattet.

Der Autor behält es sich ausdrücklich vor, Teile der Seiten oder das gesamte Angebot ohne gesonderte Ankündigung zu verändern, zu ergänzen, zu löschen oder die Veröffentlichung zeitweise oder endgültig einzustellen.

Impressum

Veröffentlicht durch

Marco Reuter

Vinnhorster Weg 81

30419 Hannover

E-Mail: marco.reuter92@gmail.com

ISBN-13: 978-1546316633
ISBN-10: 1546316639